BEI GRIN MACHT SICH IHR WISSEN BEZAHLT

- Wir veröffentlichen Ihre Hausarbeit,
  Bachelor- und Masterarbeit

- Ihr eigenes eBook und Buch -
  weltweit in allen wichtigen Shops

- Verdienen Sie an jedem Verkauf

Jetzt bei www.GRIN.com hochladen
und kostenlos publizieren

Sabrina Tibourtine

Jugendstil - Die Auseinandersetzung des Gestalters mit der Maschine um die Jahrhundertwende

GRIN Verlag

Bibliografische Information der Deutschen Nationalbibliothek:

Die Deutsche Bibliothek verzeichnet diese Publikation in der Deutschen National-
bibliografie; detaillierte bibliografische Daten sind im Internet über http://dnb.d-
nb.de/ abrufbar.

Impressum:

Copyright © 2004 GRIN Verlag GmbH
Druck und Bindung: Books on Demand GmbH, Norderstedt Germany
ISBN: 978-3-638-94038-2

Dieses Buch bei GRIN:

http://www.grin.com/de/e-book/23187/jugendstil-die-auseinandersetzung-des-
gestalters-mit-der-maschine-um

GRIN - Your knowledge has value

Der GRIN Verlag publiziert seit 1998 wissenschaftliche Arbeiten von Studenten, Hochschullehrern und anderen Akademikern als eBook und gedrucktes Buch. Die Verlagswebsite www.grin.com ist die ideale Plattform zur Veröffentlichung von Hausarbeiten, Abschlussarbeiten, wissenschaftlichen Aufsätzen, Dissertationen und Fachbüchern.

Besuchen Sie uns im Internet:

http://www.grin.com/

http://www.facebook.com/grincom

http://www.twitter.com/grin_com

Sabrina Tibourtine

Jugendstil

Die Auseinandersetzung des Gestalters mit

der Maschine um die Jahrhundertwende

Inhaltsverzeichnis

1.   Der geschichtliche Hintergrund

2.   Der Konflikt

3.   Die Arts & Crafts Bewegung und William Morris

4.   Ruskin als Vordenker

5.   Der Konflikt in kompakt

6.   Situation im Deutschen Reich

7.   Erkenntnis: Maschine als Hilfsmittel

8.   Der Deutsche Werkbund

9.   Ziel des Deutschen Werkbundes

10.   Die Akzeptanz und Macht des DWB

11.   Der Werkbundstreit um die Typisierung: Van de Velde versus Muthesius

12.   Vereinigung im Gropius'schen Bauhaus

13.   Mein Abriss

Die Auseinandersetzung des Gestalters mit der Maschine um die Jahrhundertwende

Der geschichtliche Hintergrund

Ab der zweiten. Hälfte des 19. Jahrhunderts zeigte sich vor allem in Großbritannien eine neue Entwicklung. Es war eine Zeit voller Umbrüche. Die fortschreitende Industrialisierung, die Vernunft, die Wissenschaft und die Sicherheit zählten auf der einen Seite zu den neuen Schlagwörtern, aber auch ein klarer Sozialismus. Es war die Zeit des Marxismus, des Sozialismus und des Liberalismus, die Parlamentsreform in England erteilte das Wahlrecht für Landarbeiter und Bergleute. Plötzlich mussten sich alle für eine Gesinnung entscheiden, die Moderne läutete ein.

Der Konflikt

Vor allem in England, wo die Industrialisierung besonders früh begann, machten sich die Gestalter Gedanken um ihre Auswirkung und um die Auswirkung der Maschine im Besonderen. Wurde der Gestalter der Maschine unterworfen? Musste man jetzt auf Qualität verzichten zugunsten einer maschinellen Herstellung von Gegenständen, die man aufgrund der Maschine auf einfache Formen reduzieren musste? Die Maschine konnte doch gar nicht mit der Qualitätsarbeit und den Gestaltungsergebnissen menschlicher Handarbeit mithalten!

Sozialkritiker wie William Morris, auf den ich später noch zu sprechen komme, fühlten sich überdies abgestoßen durch die schlechten Arbeitsbedingungen, die die Industrie bot und die dadurch entstehenden Elendsviertel. Auch befürchteten sie die Verkümmerung der handwerklichen Fähigkeiten durch den Einfluss der Maschine.
William Morris schreibt dazu: „Für ihre Arbeitgeber sind sie (die Arbeiter, Anm. von mir), obwohl es Menschen sind, dennoch Teil des Maschinenparks der Werkstatt oder der Fabrik, sie sind Proletarier, menschliche Wesen, die arbeiten, um zu leben, damit sie leben können, um zu arbeiten, und so weiter in endloser Folge. Ihre Rolle als Handwerker, als Hersteller von Gegenständen nach freiem Willen, ist ausgespielt."[1]

---

[1] Gerda Breuer, „Ästhetik der schönen Genügsamkeit", Braunschweig/Wiesbaden, 1998, S. 128, Gerda Breuer verwendet den Quellentext aus: William Morris, „The Aims of Art, 1887 (Neuauflage 1975, Osnabrück)

Eine Kulturkrise begann, und viele Gestalter begannen sich gegen die Maschine und die Industrialisierung aufzulehnen, um zu vermeiden, nur noch Hilfsmittel der Maschine zu sein. Sie, die Industrialisierung, brachte „gesellschaftliche und mentale Strukturveränderungen" hervor und gefährdete den „Lebensbezug aller Künste".[2]

Die Arts & Crafts Bewegung und William Morris

Aus diesen Überlegungen und Ängsten heraus entstand in England die Arts & Crafts Bewegung, die zum Ziel hatte, der Massenproduktion entgegenzusteuern. Das Kunsthandwerk sollte reformiert werden. Man hing romantisch dem Mittelalter hinterher, betrauerte das verlorene Gildesystem und forderte eine Erneuerung des Handwerks, um Geschmacksverfall vorzubeugen.

Hand in Hand mit Geschmacksverfall gingen Qualitätsverlust und sittliche Verkommenheit, aus der gezwungenermaßen nur Hässlichkeit hervorgehen konnte.

Also begann man, dem entgegenzuarbeiten. Man richtete staatliche Schulen ein, die Musterzeichner ausbildeten, Kunstgewerbemuseen schossen wie Pilze aus dem Boden.

An der Spitze der Arts & Crafts Bewegung befand sich William Morris, (1834-1896). „Einfachheit, Ehrlichkeit, die Konzentration auf den Wert der Arbeit, die Erhaltung der Freude beim schöpferischen Prozess, dass sind die Konstituenten des Arbeitsethos von Morris."[3]

Er selbst, Sozialist mit Leib und Seele, der die Meinung vertrat, dass der Sozialismus die einzige Hoffnung für die Kunst sei, sagt 1894 in seinem Werk „Wie ich Sozialist wurde": „Abgesehen von dem Wunsch, schöne Dinge zu produzieren, war und ist die mich führende Passion meines Lebens die Ablehnung der modernen Zivilisation."[4]

Gabriele Sterner beleuchtet hierzu die andere Seite der Medaille: „William Morris verlässt schon Mitte des 19. Jahrhunderts den Pfad philosophierender Theorien und wendet sich konkret gegen den elitären

---

[2] Ebenda, S. 12
[3] Ebenda , S.14
[4] Peter W. Kallen, „Unter dem Banner der Sachlichkeit- Studien zum Verhältnis von Kunst und Industrie am Beginn des 20. Jahrhunderts", Köln 1987, S.3

Kunstgedanken. Die Kunst für alle bedeutet für ihn Wohlstand für alle und gleichzeitig die Abschaffung luxuriösen Beiwerkes, mit dem sich der Reiche schmückte. Seine Gedanken ließen sich jedoch schwer vereinbaren mit seiner gleichzeitigen Forderung nach der Erneuerung des Handwerks und seiner Absage an die Maschine, denn letztendlich können nur die Massenprodukte und gute Industriedesigner einer breiten Bevölkerungsschicht Wohlstand und eine schöne Umgebung ermöglichen. Morris übersah, das nur die Vermögensumschichtung die für einen solchen Kunstgedanken notwendigen Vorraussetzungen schaffen konnte. Aber England war das Land der Meinungsfreiheit, in dem sich soziale Kritik ungehemmt entfalten konnte.[5]

Morris war ein „Macher", ein „auf-die-Barrikaden-Geher", ein Mann der Tat und vor allem auch ein sehr vielseitiger Gestalter. Der Präraffaelit, Kunsthandwerker, Sozialkritiker und Architekt gab radikale Zeitschriften und Bücher heraus, ging mit den Arbeitern auf die Strasse, entwarf Häuser,

Gegenstände des täglichen Bedarfs. Er malte, entwarf Muster und Textilien, schrieb und errichtete Werkstätten. Das hob ihn ab von John Ruskin, der für ihn, aber auch für viele Anhänger der Arts & Crafts Bewegung eine Art gedanklicher Mentor war. Ruskin war ein Schöngeist und Vordenker, ein viel umjubelter Sozialphilosoph, der sich mit den notwendigen Schaffensbedingungen der Künstler auseinandersetzte und früh schon den Kapitalismus sowie die maschinelle Produktion, durch die der Bezug des Gestalters zum Endprodukt verloren ging, verteufelte und der Freude an der Handarbeit zusprach, jedoch nicht, wie William Morris als Gestalter tätig war.

„Morris scharte zahlreiche Künstler um sich, darunter die Architekten Philip Webb und C. F. A. Voysey, den Möbeltischler Ernest Gimson, den Töpfer William De Morgan und die Designer Walter Crane und C. R. Ashbee. Sie alle waren, wie er selbst überzeugt, dass wahre Kunst aus den Traditionen des Kunsthandwerks erwachse. Zeitschriften wie ‚The Studio' oder ‚Hobby Horse' und nicht zuletzt die 1888 gegründete Arts and Crafts Society, die

---

[5] Gabriele Sterner, „Kunstform zwischen Individualismus und Massengesellschaft", Köln, 1975, S.26

kunsthandwerkliche Ausstellungen veranstaltete, trugen zur Verbreitung ihrer Ideen bei."[6]

Ich fasse die Stimmung und die Tendenzen in England zu der Zeit zusammen:

Der Konflikt in kompakt

1. Bekämpfung jeder Art von „Profitmacherei, Surrogatkultur und schlechter Fabrikware."[7]
2. Wiederbelebung und Reformation des Kunsthandwerk, Mittelalterliches Gildesystem als Vorbild
3. Geschmacksverfall zugunsten von Hässlichkeit nicht zulassen, stattdessen Qualitäts- und- Handarbeit
4. Freude an der Handarbeit wird durch Maschine unterdrückt
5. Mensch soll nicht nur Instrument der Maschine sein.

Situation im Deutschen Reich

Wie hat nun Deutschland, bzw. das Deutsche Reich auf die Arts & Crafts Bewegung reagiert und warum hat das Deutsche Reich reagiert? Die Reichsgründung 1871 hatte eine beschleunigte Industrialisierung bewirkt. Man bemerkte darauf Missstände in der deutschen Wirtschaft und versuchte, im Arts & Crafts Gedankengut Anregungen zur Qualitätsfindung und Optimierung zu finden, da man einen Rückschritt in der Formgebung sowie eine wirtschaftliche und industrielle Überflügelung durch Länder wie England, Holland und Belgien befürchtete. Hermann Muthesius, von ihm wird auch später noch die Rede sein, wurde deshalb Ende des 19. Jahrhunderts von der preußischen Regierung nach England geschickt, um aus den Erkenntnissen der Bewegung für das Deutsche Reich zu profitieren.

Erkenntnis: Maschine als Hilfsmittel

In England hatte man mittlerweile erkannt, dass es nicht sinnvoll sei, die Maschine vollends zu verteufeln, man „begann auch im kunstgewerblichen Bereich einzusehen, dass das beschworene Unheil nicht in der Maschine als solcher lag, sondern in deren falschem Gebrauch."[8]

---

[6] http://www.kunstwissen.de/fach/f-kuns/design/artscra0.htm
[7] Ebenda
[8] Peter W. Kallen, „Unter dem Banner der Sachlichkeit- Studien zum Verhältnis von Kunst und Industrie am Beginn des 20. Jahrhunderts", Köln 1987, S.77

So kam es, dass im Deutschen Reich die Maschine anders als in England nicht grundsätzlich abgelehnt wurde, was auf die Erkenntnisse zurück zuführen ist, die Muthesius in England gewonnen hatte.

Man versuchte also, Kunst und Technik zu vereinen und errichtet nach dem englischen Vorbild Werkstätten, Kunstgewerbeschulen (wie auch zu 1904 in Krefeld), und bemühte sich um moderne Lehrer, die auch gleichzeitig Künstler waren.

Der Deutsche Werkbund

Dies führte schließlich 1907 zur Gründung des Deutschen Werkbundes.

Ziel des Deutschen Werkbundes

Die Begründer des Werkbundes waren 12 Künstler, Architekten und Kunstgewerbler, darunter Hermann Muthesius, Ingenieur und Architekt und Henry van de Velde, Künstler, Architekt und Gründer der Kunstgewerbeschule in Weimar, sowie zwölf Industrielle. Sie hatten als Grundsatz Kunst, Industrie und Handwerk zusammenzuführen.

Das Ziel sollte sein: Veredlung der Produkte, aber auch Wertsteigerung der Arbeit sowie Beseitigung der Lücke zwischen der erfindenden Hand und der herstellenden, ausführenden Hand zugunsten eines Geistes. Verwirklicht werden sollte dies durch „Erziehung, Schriften, Ausstellungen"[9]. Die deutsche Arbeit sollte „durchgeistet" werden, wie der Titel des ersten Jahrbuchs des Werkbundes erkennen lässt („Die Durchgeistung der deutschen Arbeit").

Eine Steigerung der Qualität vor allem des deutschen Kunstgewerbes wird angestrebt, um die Wettbewerbsbedingungen "deutscher Qualitätsarbeit" auf dem Weltmarkt zu verbessern. Zugleich steht der Werkbund inmitten der Reformbewegungen zu Anfang des 20. Jahrhunderts.[10]

Theodor Fischer, einer der Mitbegründer des Deutschen Werkbundes (DWB) ging mit seinem Optimismus hinsichtlich des Werkbundes soweit, zu behaupten, die Ziele und Ideale des Werkbundes würden sich innerhalb von zehn Jahren sowieso erfüllen, so dass der Werkbund überflüssig werde.

---

[9] Johannes Jahn, „Wörterbuch der Kunst", Stuttgart 1989,S. 182
[10] zitiert nach: http://www.deutscher-werkbund.de/htm/dwb_ev/historie/d_ev_his_m01.htm#1907

Er sollte sich täuschen, denn der Werkbund existierte darüber hinaus bis heute. Damals hatte der Werkbund erhebliche Macht und großen Einfluss. Er stand für deutsche Qualitätsarbeit und wurde von Politikern und Persönlichkeiten wie Theodor Heuss, Friedrich Naumann und Hermann Hesse wertgeschätzt.

Die Aufnahmebedingungen waren nicht ohne, da der Vorstand jedem einzelnen Mitglied zustimmen musste. War man jedoch Mitglied im Deutschen Werkbund, durfte man dessen Signatur auf Briefköpfen verwenden. Überdies wirkte der Werkbund als Arbeitskraftvermittlung sowie als Arbeitgebervermittler.

Aber innerhalb des Werkbundes herrschte trotz vermeintlich gemeinsamer Ziele keine 100%ige Einigkeit. Einzelne Mitglieder unterschieden sich so stark in ihren Meinungen, dass es 1914 auf der Werksbundsausstellung in Köln zum Werkbundstreit kam, auf dessen einer Seite Hermann Muthesius stand und auf der anderen Henry van de Velde.

Henry van der Velde, der sich als legitimer Nachfolger von Ruskin und Morris sah, beschreibt diesen Streit folgendermaßen: „In diesem besonderen Fall, in dem das die Neutralität verkörpernde Typenprodukt durchgesetzt werden sollte, trat eine außergewöhnliche Kurzsichtigkeit in Erscheinung. Die Mehrheit der Werkbundmitglieder war mit der Meinung des Architekten Hermann Muthesius einverstanden, der im Vorstand eine bedeutende Rolle spielte. Für ihn war der Zeitpunkt gekommen, an dem die individuelle Arbeit aufzugeben und an ihre Stelle eine allgemeine Regeln, ein „Kanon" für die architektonische und kunstgewerbliche Produktion zu setzen sein. Muthesius hatte die Absicht, bei der Kölner Werkbundtagung die Zustimmung zur „Typisierung" als Leitgedanken für zukünftige Arbeit des Werkbundes zu erreichen."[11]

(Um den Begriff „Typisierung" genauer zu erklären: gemeint ist eine Standardisierung, eine Aufstellung verschiedener Typen, als

---

[11] Henry van de Velde, „Geschichte meines Lebens", München, Erweiterte Neuausgabe 1986

Gestaltungsregel zum Maßstab für industrielle und handwerkliche Anfertigung zum Ziel der bezahlbaren Serien- und- Massenproduktion.) Henry van der Velde beharrt jedoch auf seinem Standpunkt, die Form müsse individuell gefunden werden. Die Freude an der Schönheit solle in möglichst differenzierter Ausführung zu pflegen sein, wo das Ausland doch grade anfange, Interesse an der deutschen Arbeit zu finden.

'ereinigung
n
;ropius'schen
ßauhaus

Um die Auseinandersetzung des Gestalters mit der Maschine um die Jahrhundertwende zusammenzufassen und zu einem Resultat zu kommen, das auch für uns heute als Designer, bzw. Industriedesigner relevant ist, kann man sich sehr schön auf Gerda Breuer beziehen.

Sie beschreibt den Sachverhalt in „Die Erfindung des modernen Klassikers", wobei sie sich auf Nikolaus Pevsners Werk „Wegbereiter moderner Formgebung von Morris bis Gropius" bezieht, folgendermaßen: Nikolaus Pevsner „...baute in seinem historischen Abriss über die Moderne deren Verlaufsform als Dreischritt auf: Nach den Pionieren, von denen der bekannteste William Morris war, kam es 1914 zum Durchbruch und mit dem Bauhaus- hierfür steht dessen Gründer und Leiter Walter Gropius- zur Festigung der Moderne. ‚Gropius betrachtete sich als Nachfolger von Ruskin und Morris, von Van de Velde und dem Werkbund.'"[12]

Die Quintessenz des Ganzen ist für mich genau das, was Walter Gropius 1926 in seinem Programm für das Bauhaus in Dessau sagt: "Die typenschaffende Maschine ist ein wirksames Mittel, das Individuum durch mechanische Hilfskräfte - Dampf und Elektrizität - von eigener materieller Arbeit zur Befriedigung der Lebensbedürfnisse zu befreien und ihm vervielfältigte Erzeugnisse billiger und besser als von der Hand gefertigt zu verschaffen.
Eine Vergewaltigung des Individuums durch die Typisierung ist nicht zu befürchten."[13]

---

[12] Gerda Breuer, „Die Erfindung des modernen Klassikers - Avantgarde und ewige Aktualität", Ostfildern-Ruit 2001,S. 55 - Bezugnahme auf: Nikolaus Pevsner, „Wegbereiter moderner Formgebung von Morris bis Gropius", Köln, 1983, S. 29f.

[13] werkundzeit 2/1982: Julius Posener: „Dem DWB zum 75. Geburtstag" nachzulesen auf: http://www.deutscher-werkbund.de/htm/werk_zeit/50_werkzeit/50_werkzeit_m11.htm

Die Hinwendung zur Industrie und der Maschine, ohne dabei aber die Einheit Kunst, Funktionalität und Handwerk aus den Augen zu verlieren- das ist es, was diese Epocheentwicklung für den heutigen Designer gebracht hat.

Mein Abriss

Als Designer kann ich wahrscheinlich nicht anders, als die Maschine und speziell den Computer zu bejahen. Wir profitieren von der Maschine und sehen uns, wie schließlich auch England, nicht der Maschine unterworfen, sondern profitieren von der technischen Entwicklung. Die Maschine wird als Arbeitserleichterung begrüßt.

Natürlich lässt sich aber auch die anfängliche Ablehnung der Gestalter damals verstehen. Die Industrialisierung brachte etwas, was man nicht kannte, die Zeit war sowieso schon geschwängert von Umbrüchen und Neuerungen, man war verunsichert.

Womit Morris und van der Velde allerdings Recht hatten: Die Maschine forderte einen hohen Tribut. Sie fordert Vereinfachung in der Gestaltung auf einfache Formen, wie Kuben, Quader, Kugeln und hat somit, sei es in der Architektur oder bei Gebrauchsgegenständen wie Möbeln, zu einer derartigen „Ver-eckt-heit" geführt, dass ich es oft nicht gutheißen kann. Die ganze IKEA-Mentalität, die oft nicht mehr vorbringt als einen Quader mit Schubladen kann man nicht in Vergleich setzen mit z.B. einem Chippendale- Möbel, Plattenbau ebenso wenig zu einem Klassizismus- oder- Jugendstil- Bau.

Was ich sagen will: diese Reduziertheit auf einfache Formen führt eine Ersetzbarkeit mit sich, wie sie für die heutige Zeit bezeichnend ist.

Literaturverzeichnis

1. Gabriele Sterner, „Kunstform zwischen Individualismus und Massengesellschaft", Köln, 1975

2. Gerda Breuer, „Aesthethik der schönen Genügsamkeit oder Arts and Crafts als Lebensform", Braunschweig/Wiesbaden 1998

3. Gerda Breuer, „Die Erfindung des modernen Klassikers- Avantgarde und ewige Aktualität", Ostfildern-Ruit 2001

4. Gitta Battenberg, „Tabellen zur Geschichte der Kunst", Wiesbaden 1974

5. Hans Christian Kirsch, „William Morris- Ein Mann gegen die Zeit", Köln 1983

6. Henry van de Velde, „Geschichte meines Lebens", München 1986

7. Henry van de Velde, „Kunstgewerbliche Laienpredigten", Berlin 1999

8. http://www.deutscher-werkbund.de/htm/dwb_ev/historie/d_ev_his_m01.htm#1907

9. http://www.deutscher-werkbund.de/htm/werk_zeit/50_werkzeit/50_werkzeit_m11.htm

10. http://www.kunstwissen.de/fach/f-kuns/design/artscra0.htm

11. Johannes Jahn, „Wörterbuch der Kunst", Stuttgart 1989

12. Julius Posener, „Anfänge des Funktionalismus- Von Arts and Crafts zum Deutschen Werkbund", Berlin 1964

13. Klaus Jürgen Sembach, „Henry van de Velde", Stuttgart 1989

14. Kurt M. Jung, „Weltgeschichte in einem Griff", Berlin 1979

15. Magdalena Droste, „Bauhaus : 1919 – 1933", Köln 1990

16. Nikolaus Pevsner, „Architektur und Design, von der Romantik zur Sachlichkeit", München 1971

17. Nikolaus Pevsner, „Wegbereiter moderner Formgebung von Morris bis Gropius", Köln 1983

18. Peter W. Kallen, „Unter dem Banner der Sachlichkeit- Studien zum Verhältnis von Kunst und Industrie am Beginn des 20. Jahrhunderts", Köln 1987

19. Wend Fischer (Hrsg.), „Zwischen Kunst und Industrie- der deutsche Werkbund", Stuttgart 1987

Quellen

1. Henry van de Velde, „Geschichte meines Lebens", München 1986

2. Henry van de Velde, „Kunstgewerbliche Laienpredigten", Berlin 1999

3. *Peter W. Kallen, „Unter dem Banner der Sachlichkeit- Studien zum Verhältnis von Kunst und Industrie am Beginn des 20. Jahrhunderts", Köln 1987-* Quellenanhang:
   - Eisenacher Gebührenordnung
   - Lehrplan der Lehrwerkstätten der ‚Dresdner Werkstätten für Handwerkskunst (H.W.,III.Jahrgang, 1906/1907)
   - Satzung des Deutschen Werkbundes (Jahrbuch DWB 1912)
   - Friedrich Naumann, „Acht Thesen zum Thema Kunst und Industrie"

- Leitsätze zum Erziehungsprogramm (Auszug aus dem Referat von Wolf Dohrn auf der 1. Jahresversammlung 1908)
- Leitsätze (Hermann Muthesius): „Die Werkbundarbeit der Zukunft" – Vortrag von Hermann Muthesius
- Gegenleitsätze (Henry van de Velde)
- Bundesämter (Auszug aus dem Jahrbuch DWB 1913)